(1150-1155). En 1167-1168, Louis VII donnait une seconde lampe destinée à augmenter le luminaire de l'autel Notre-Dame, ce qui indique que le chœur était déjà achevé à cette époque. Les données archéologiques permettent effectivement de montrer que la cathédrale fut commencée à l'est, là où la topographie était la plus contraignante puisque la chapelle Saint-Gervais-Saint-Protais et la muraille gallo-romaine avec la tour hébergeant l'autel Saint-Michel furent étroitement associées au nouvel édifice, qui communiquait directement avec elles. Dans le même temps, le chantier avait progressé à la façade occidentale car les deux premiers niveaux de celle-ci et la sculpture du portail central étaient achevés vers 1170. La construction a donc progressé à partir des deux extrémités de la cathédrale, la nef venant se raccorder au chœur autour de 1175. Il faut considérer que l'édifice tout entier était voûté, et donc entièrement fonctionnel, au plus tard vers 1180. La cathédrale a donc été construite pour l'essentiel en moins de trente ans. Associée au règne de Louis VII (1137-1180), elle s'inscrit dans un contexte politique très favorable car Senlis peut alors être considérée comme une véritable « ville de cour », le palais royal implanté à l'ouest de la cathédrale accueillant fréquemment le roi et son entourage. C'est aussi à cette époque que le puissant comte Raoul de Vermandois fait édifier, entre la cathédrale et le palais royal, une demeure qui existe toujours derrière un rhabillage du XVIe et du XIXe siècles.

Le 16 juin 1191, la cathédrale était solennellement consacrée par Guillaume aux Blanches Mains, archevêque de Reims, en présence de cinq autres prélats. Seules les tours de façade n'étaient pas tout à fait terminées.

Les sources documentaires manquent pour connaître les travaux du XIIIe siècle. Un texte de 1240 faisant référence à la nouvelle voûte de la chapelle de la confrérie des drapiers permet seul de conclure, qu'à cette époque, les travaux du transept étaient très avancés, ce que confirme l'analyse archéologique. De même pour la construction de la flèche, mais, comme le transept qui lui est contemporain, elle s'inscrit dans le cadre de travaux destinés à revaloriser l'architecture de la cathédrale à une époque où les fulgurants progrès effectués par l'architecture gothique depuis un siècle étaient tels qu'un édifice bâti durant le troisième quart du XIIe siècle, comme Senlis, pouvait paraître démodé cinquante ans plus tard.

C'est à la fin du XIVe siècle qu'est bâtie la salle capitulaire, au nord de la façade, tandis qu'une chapelle – la chapelle du Bailli – est greffée au sud du chœur vers 1465. Mais la transformation radicale de la cathédrale survient au début du XVIe siècle.

Une lettre des chanoines au roi, datée du 23 août 1505, nous apprend en effet qu'un dramatique événement s'est produit un an auparavant : la cathédrale « par fortune et inconvénient du feu au mois de juing 1504 a été bruslée, les cloches fondues et le clocher, qui est grant, magnifique et l'un des plus singuliers du royaume, au moyen dudit feu tellement endommagé qu'il est en danger de tomber s'il y est bientôt pourveu, qui serait perte irréparable ». Des textes relatifs à cette période permettent de dater la reconstruction entre 1506 et 1560. Dix ans après le sinistre, l'édifice est à nouveau en fonction, mais les deux façades du transept ne sont guère avancées.

2. Chevet : vue nord-est.

3. Vue de la ville au XVIIe siècle, tirée des « Plans et profilz des principales villes de la province d'Isle de France », gravure de Tassin.

2
3

SENLIS.

À partir de 1530, sous l'impulsion de l'évêque Guillaume Parvi, confesseur de François Ier et précepteur de ses enfants, les travaux reprennent. Ceux de la façade méridionale, dirigés par Pierre Chambiges et Jean Dizieult, sont achevés en 1534, sans doute en exécution des plans fournis par Martin Chambiges, père de Pierre et auteur des transepts des cathédrales de Sens et Beauvais, ainsi que de la façade de Troyes. La façade du bras nord du transept, en cours d'exécution en 1538, n'est en revanche terminée qu'en 1560.

Après cette très importante campagne de travaux, la cathédrale ne connaît plus que des transformations mineures. En 1671, la tour Saint-Michel et une partie du mur gallo-romain attenant sont détruits pour permettre l'édification de la chapelle du Sacré-Cœur. En 1777, on badigeonne à la chaux tout l'intérieur de l'édifice, qui reçoit peu après une décoration néo-classique dont subsistent la Vierge et les deux anges de la tribune d'axe. La Révolution s'accompagne de déprédations diverses qui affectent surtout le portail central, dont les statues d'ébrasement sont décapitées tandis que la scène de la *Dormition de la Vierge*, au linteau, est bûchée. Après la tourmente vient le temps des restaurations. La flèche est consolidée en 1834-1835. Suivent alors des interventions bien souvent maladroites ou excessives, à l'image de la restauration du portail occidental, sous la direction de l'architecte Ramée (1845-1846), ou de la reconstruction de la chapelle d'axe par Duthoit (1847-1848). Objet de toutes les sollicitudes en raison de sa fragilité, la flèche est à nouveau restaurée entre 1932 et 1934, puis de 1989 à 1993.

Parcours intérieur

On pénètre dans la cathédrale par le ***portail méridional*** (1), qui s'ouvre dans la riche façade de style gothique flamboyant reconstruite à la suite de l'incendie de 1504. En s'avançant jusqu'à la ***croisée du transept*** (2), on prend conscience des dimensions relativement modestes de la cathédrale (70 m de long ; 23,50 m sous voûte), la plus petite de toutes celles des diocèses du Nord de la France. On est ensuite frappé par la complexité architecturale de l'édifice : le premier gothique (3e quart du XIIe siècle) avec les deux premiers niveaux de la nef et du chœur et les bas-côtés qui les flanquent ; le gothique rayonnant (milieu du XIIIe siècle) avec certains éléments, surtout au nord, des deux premiers niveaux des parties orientales du transept ; le gothique flamboyant enfin, avec l'essentiel du transept et la quasi-totalité du troisième niveau de l'édifice, celui des fenêtres hautes.

Pour restituer la cathédrale dans son état du XIIe siècle, il faut oublier le transept des XIIIe-XVIe siècles et imaginer, à la place du haut et lumineux dernier étage actuel, un troisième niveau beaucoup plus bas (18 m sous clef comme l'atteste la seule voûte du XIIe siècle conservée dans le vaisseau central, au-dessus du grand orgue) et percé de petites fenêtres en plein cintre au-dessus d'une importante portion de mur aveugle.

La cathédrale bâtie entre 1153 et 1175-1180 se présentait donc comme un long vaisseau continu flanqué de bas-côtés et terminé à l'est par un hémicycle de plan légèrement outrepassé avec déambulatoire desservant cinq chapelles rayonnantes contiguës. Le vaisseau central était composé de cinq travées doubles couvertes de voûtes sexpartites (deux ont disparu lors de la construction du transept) et de trois travées simples en relation avec les tours de façade.

4. Façade méridionale du transept.

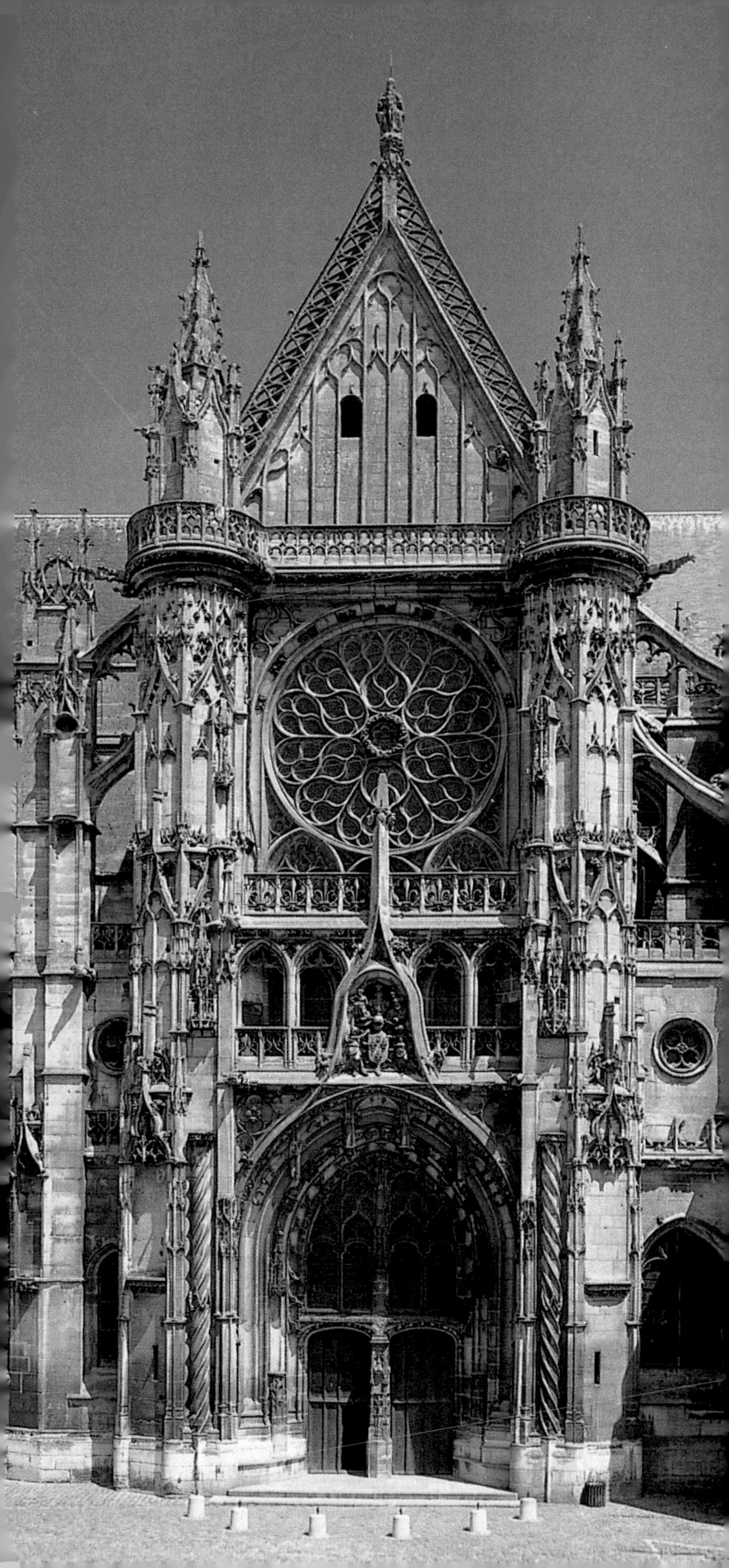

La cathédrale Notre-Dame montrait ainsi l'un des premiers exemples, dans l'architecture gothique, du plan continu sans transept qui devait jouir d'une certaine popularité dans l'Île-de-France de la seconde moitié du XIIe siècle.

Avant de s'engager dans le bas-côté sud du chœur, on peut détailler l'exceptionnelle voûte à liernes, tiercerons et clefs pendantes de la ***chapelle du bras sud*** du transept (3), bel exemple d'architecture flamboyante, édifiée vers 1525-1530. Ouvrant sur le déambulatoire et ses chapelles rayonnantes, le ***bas-côté sud*** (4) offre une image particulièrement séduisante de l'architecture de la cathédrale du XIIe siècle. Les ogives des voûtes adoptent un profil en amande et sont reçues sur des colonnettes en délit – c'est-à-dire non appareillées avec les murs – contrairement aux autres colonnettes. La sculpture des chapiteaux sacrifie principalement au thème de l'acanthe (petites feuilles finement découpées), courant dans l'Antiquité et le haut Moyen Âge, remis à l'honneur à Saint-Denis quelques années auparavant et omniprésent à Senlis conjointement avec les chapiteaux à feuilles lisses, plus volontiers utilisés dans les tribunes de la cathédrale.

Les deux premières travées se dédoublent vers le sud en une sorte de vestibule donnant accès à la ***chapelle Saint-Gervais-Saint-Protais***, bâtie au début du XIe siècle pour abriter les reliques de ces deux saints martyrs. Elle comporte deux niveaux de même plan. La ***crypte*** (5), visible en empruntant l'escalier de droite, est couverte par des voûtes d'arêtes qui retombent au centre sur quatre piles carrées à l'appareillage très grossier. La semelle de fondation circulaire visible au fond est en fait le vestige du baptistère du haut Moyen Âge auquel s'est substituée la chapelle. L'étage supérieur, qui sert de ***sacristie*** (6), n'est pas normalement accessible. Prolongé vers l'est par une absidiole, comme la crypte, ses murs étaient initialement allégés en partie basse par six arcatures aveugles et l'éclairage se faisait par des oculi. Le décor des chapiteaux conservés forme une sorte de ruban plissé et une petite moulure torique découpe les bases en facettes triangulaires. La voûte d'ogives n'a été montée qu'au XIVe siècle et des peintures murales du XVe siècle représentant saint Étienne et saint Denis sont conservées dans deux des arcatures aveugles.

En continuant dans le bas-côté sud, on laisse sur sa droite la ***chapelle du Bailli*** ou de Saint-Simon (7), construite vers 1465 dans un style gothique assez assagi. On pénètre alors dans le ***déambulatoire***. C'est à l'entrée de la deuxième chapelle rayonnante (8) que l'on peut le mieux détailler la cathédrale du XIIe siècle puisqu'il est possible d'y observer à la fois les deux chapelles sud-est, le déambulatoire, l'hémicycle avec ses minces colonnes surmontées de chapiteaux à feuilles d'acanthe et l'élévation du chœur avec son étage de tribunes et l'alternance fortement marquée des piles.

Les deux premières chapelles rayonnantes sont les seules conservées dans leurs dispositions d'origine. Peu profondes, elles sont éclairées par une seule grande fenêtre au tracé légèrement brisé et couvertes par une petite voûte d'ogives quadripartite avec formerets. L'architecte a su maîtriser les problèmes posés par l'adoption d'une telle voûte sur un si petit espace et conjuguer avec bonheur une indéniable élégance et la nécessaire robustesse que réclamait la présence, au-dessus, de tribunes voûtées.

5-6. Peintures murales de la sacristie.

7. Chapiteau à feuilles d'acanthe.

8. Culot dans la sacristie.

9. Bas-côté sud du chœur.

5	6
7	9
8	

plus laborat

Les arcades brisées de l'hémicycle sont remarquables par la minceur des colonnes monolithiques qui les reçoivent et qui sont sûrement des remplois antiques. Les chapiteaux ont été presque tous refaits au XIXe siècle. Ceux qui sont authentiques présentent le même décor d'acanthes observé jusqu'ici. Achevé avant 1160, l'ensemble formé par le déambulatoire et ses chapelles rayonnantes fait directement référence au chœur de Saint-Denis (1140 et 1144) véritable acte de naissance de l'architecture gothique.

On passe ensuite devant la ***chapelle axiale*** (9), consacrée à la Vierge et rebâtie en 1847-1848 dans le style néo-gothique à la place d'une chapelle rayonnante identique aux deux précédentes. Les deux ***dernières chapelles*** du déambulatoire (10) ont été profondément modifiées (voûtement, fenêtres) lors des restaurations du XIXe siècle. C'est à cet endroit que la cathédrale venait s'appuyer sur la muraille gallo-romaine.

On pénètre alors dans le bas-côté nord du chœur en longeant la ***chapelle du Sacré-Cœur*** (11), construite en 1671 à l'initiative du chanoine Deslyons. À travers les arcades qui s'ouvrent sur le vaisseau central, on peut détailler l'élévation de celui-ci. Au rez-de-chaussée, chaque travée double comporte deux arcades retombant au centre sur une pile circulaire (pile faible) et vers l'extérieur sur une pile composée (pile forte). Cette dernière ne comporte pas moins de dix colonnes et colonnettes en relation avec les différentes retombées. En forte saillie sur le mur, elle divise le vaisseau central en travées bien marquées. À la pile faible, au contraire, ne correspondent que trois minces colonnettes reçues sur le tailloir du chapiteau. En écho à cette alternance répondaient des voûtes sexpartites (un doubleau, deux ogives et deux formerets au temps fort ; une ogive intermédiaire et deux formerets au temps faible dont le principe a été repris lors de la reconstruction des parties hautes au XVIe siècle. L'étage des tribunes apparaît comme une réplique en réduction du niveau des grandes arcades, mais les baies comportent un ressaut qui se traduit par une multiplication du nombre de colonnettes. Au-dessus (12), l'architecture du XIIe siècle fait place aux immenses fenêtres à réseau flamboyant issues de la reconstruction du XVIe siècle.

Avec, à l'origine, son étage supérieur beaucoup plus bas et percé de petites fenêtres en plein cintre, la cathédrale du XIIe siècle se caractérisait donc par une élévation à trois étages avec tribunes voûtées qui réalisait une sorte de synthèse entre les deux familles les plus représentées dans la première architecture gothique : celle des édifices à trois étages avec fausses-tribunes ou triforium sous combles (Saint-Étienne de Beauvais, Sens, Saint-Leu-d'Esserent...) et celle des édifices à quatre étages avec tribunes voûtées (Noyon, Laon, Saint-Remi de Reims, Notre-Dame de Paris...).

En poursuivant dans le bas-côté en direction du transept, on trouve successivement et en symétrie parfaite avec ce qui existe au sud, une tourelle d'escalier qui conduit aux tribunes puis un vestibule qui, à l'origine, donnait accès aux bâtiments du chapitre, implantés entre la cathédrale et la muraille gallo-romaine. Ce vestibule, fermé dès le XIIIe siècle et fortement restauré au XIXe siècle forme aujourd'hui la ***chapelle Sainte-Geneviève*** (13).

On débouche alors dans le ***bas-côté nord du transept*** (14), témoin le plus significatif du transept du XIIIe siècle, par ailleurs presque totalement reconstruit après l'incendie de 1504. Les piles et les arcades à la plastique généreuse, les chapiteaux à crochets

10. Déambulatoire.

11. Chapiteau du bras nord du transept.

10/11

finement ciselés, le réseau de la fenêtre qui s'ouvre vers le nord (trois lancettes surmontées d'un trilobe) portent bien la marque des années 1240.

Le transept ne comportant alors de bas-côté qu'à l'est, son implantation avait nécessité la destruction de deux travées doubles de la nef pour établir une croisée suffisamment large. Si les deux piles ouest de cette croisée sont en fait constituées par les piles fortes du XIIe siècle – surélevées pour l'occasion – de la dernière travée double de la nef, les deux piles orientales ont été bâties de toutes pièces au XIIIe siècle.

Excepté ces témoins de l'architecture rayonnante, le transept (15) est une œuvre du XVIe siècle. Les voûtes comportent des liernes et des tiercerons (croisée) ou des liernes seules (bras). Un nettoyage récent a permis d'en dégager le décor peint. On admirera surtout le bel ordonnancement des deux élévations intérieures, qui reprend celle du vaisseau central de la nef. Le premier niveau correspond au revers du portail, très largement éclairé par une fenêtre qui se substitue au tympan des premiers portails gothiques. De chaque côté, une arcature aux gâbles très ouvragés décore le mur. Au-dessus, un passage avec balustrade finement ciselée relie les tribunes. Un bandeau le sépare du dernier niveau où trois fenêtres, qui prolongent celles qui ajourent le mur de fond du passage, reçoivent la rose au riche réseau flamboyant. Mariant avec succès une structure forte et bien articulée aux jeux subtils des lignes secondaires (décor et réseau des fenêtres), ces élévations intérieures comptent indéniablement parmi les œuvres majeures de ce temps.

En gagnant le ***bas-côté sud de la nef*** (16), on passe devant les deux piles ouest de la croisée, dont les chapiteaux recevaient initialement les arcades d'une travée double. Simple à l'origine, le bas-côté a été doublé vers le sud entre 1506 et 1511 (17). Aux simples voûtes quadripartites avec chapiteaux et colonnettes du XIIe siècle répondent les voûtes compliquées de liernes et de tiercerons et les piles ondulées, vierges de chapiteaux, du XVIe siècle. L'arcade qui assure la communication avec la travée médiane de cette chapelle était à l'origine un portail comme l'attestent ses colonnettes montées au-dessus d'un haut socle.

Dans le ***vaisseau central*** (18), l'alternance des piles observée ailleurs fait place à trois travées simples, la première ayant conservé sa voûte du XIIe siècle. Associées à des voûtes quadripartites, elles se caractérisent par un renforcement considérable des piles et des murs qui s'explique par la présence des deux tours de façade, qu'il fallait contrebuter de ce côté. Si, structurellement, les deux premières travées fonctionnent ensemble, la seconde jouant le rôle d'un véritable étai intérieur, la troisième, très courte, apparaît comme une simple travée de raccord entre le bloc de façade et la nef. Associées à une structure renforcée, les arcades de la seconde travée comportent un ressaut (contrairement au reste du vaisseau central) et les demi-colonnes qui reçoivent celles-ci sont dédoublées. La sculpture des chapiteaux ajoute aux feuilles d'acanthe des feuilles lisses et des entrelacs de tiges (travée de raccord).

En gagnant le bas-côté nord, on passe sous la voûte surbaissée bâtie au XIXe siècle pour soutenir le buffet d'orgue. Le vaisseau central apparaît ici dans sa totalité et le contraste entre les deux premiers niveaux, du XIIe siècle, et celui des fenêtres hautes, du XVIe, est saisissant. Comme son vis-à-vis, le bas-côté nord a été dédoublé au XVIe siècle

---

12-13. Décor de la voûte du transept, salamandre et armes de France.

14. Bras nord du transept.

12|13
14

au droit des trois travées précédant le transept. Sa deuxième travée (19) est couverte d'une voûte spectaculaire dont les nervures dessinent une étoile à quatre branches que réunit une couronne ajourée garnie de quatre clefs pendantes. Des anges musiciens garnissent les voûtains.

Dans l'angle nord-ouest, un escalier mène à l'ancienne ***salle capitulaire*** (20) *(normalement fermée).* Elle a été bâtie grâce aux libéralités de Pierre l'Orfèvre († en 1410), conseiller du roi et chancelier du duc d'Orléans, et fortement restaurée au XIXe siècle. La porte d'accès a été refaite au XVIe siècle. Un mur la divise en deux pièces. La première, de plan carré, est la salle capitulaire. Ses quatre voûtes d'ogives retombent au centre sur une colonne circulaire dont le chapiteau est décoré d'une *Fête des fous* : des musiciens, jouant de l'orgue ou du tambourin, font danser un bourgeois, un homme nu, un paysan armé d'une massue... La seconde pièce, qui occupe une surface moitié moindre, était la librairie (bibliothèque).

Avant de sortir par la façade nord du transept pour effectuer la visite extérieure de la cathédrale, on remarquera la belle porte d'accès à l'escalier tournant qui conduit aux parties hautes. Dans une recherche d'effets illusionnistes propres à l'architecture flamboyante, l'axe de symétrie de son décor a été déterminé par rapport à une ligne oblique et non frontale (21).

Parcours extérieur

En sortant par le portail du ***bras nord du transept***, on débouche sur un espace qui, au XIIe siècle, était fermé par la muraille gallo-romaine dont le tracé correspondait à une ligne joignant la petite bibliothèque du chapitre bâtie au XVIe siècle en réutilisant le noyau d'une des tours de cette enceinte (à gauche) et la chapelle du Sacré-Cœur (à droite). Cet espace était occupé par les bâtiments du chapitre.

Il faut s'avancer jusqu'à la rue aux Flageards, en laissant à gauche la salle capitulaire puis l'ancienne bibliothèque du chapitre, afin de prendre le recul nécessaire pour examiner la ***façade nord du transept*** (22). Moins ouvragée, dans ses parties basses (à l'époque peu visibles), que la façade sud, elle en reprend rigoureusement la composition bien qu'elle n'eût été achevée qu'en 1560, 26 ans après la façade méridionale. Cette façade n'est pas homogène : toute la partie gauche correspond au bas-côté du transept du milieu du XIIIe siècle. Les deux fenêtres – composées au rez-de-chaussée d'un trilobe surmontant trois lancettes et à l'étage d'un quadrilobe associé à deux lancettes – sont des bons exemples de style rayonnant. Pour le reste, la construction du XVIe siècle, fermement encadrée par les deux tourelles d'escalier qui, s'élèvent jusqu'au pignon, reprend la claire division tripartite déjà observée à l'intérieur. Le gâble qui couronne le portail au tympan vitré s'orne de la salamandre et du F de François Ier. Au-dessus, une coursière – également présente à l'intérieur – met en communication les tribunes de la nef et du chœur. Enfin, en correspondance avec l'étage des fenêtres hautes, une grande rose au réseau flamboyant au-dessus de fenêtres occupe le reste de l'espace disponible. Un garde-corps ajouré, deux pinacles et un mur pignon, tous délicatement ouvragés, terminent cette composition monumentale.

15. Anges musiciens à la voûte du bas-côté nord de la nef.

16-17. Culot de la salle capitulaire et détail du chapiteau du pilier central

18. Voûte de la salle capitulaire.

15
16 | 17
18

On peut observer les parties extérieures du chœur depuis la grille du jardin de l'ancien évêché. Si l'étage supérieur, du XVIe siècle, est bien homogène avec ses hautes fenêtres au réseau flamboyant et ses doubles volées d'arcs-boutants reçues sur de puissantes culées, il n'en est pas de même des étages inférieurs, qui correspondent aux parties du XIIe siècle. Les deux premières fenêtres, du XIIIe siècle très restaurées au XIXe siècle, ferment le vestibule qui, à l'origine, permettait l'accès aux bâtiments du chapitre. À gauche, la ***tourelle d'escalier*** (23) appartient à la construction du XIIe siècle. La porte bouchée et les arrachements de maçonnerie qui se voient à la base seraient restés inexpliqués sans la découverte, en 1977, des fondations d'une tour de l'enceinte gallo-romaine à quelques mètres au nord. Une relation étroite existait donc au XIIe siècle entre la cathédrale et cette tour disparue, dans laquelle on situe l'oratoire Saint-Michel. À l'est de cette tour, s'élève la chapelle du Sacré-Cœur, dont la construction, en 1671, a nécessité la démolition d'une petite partie de l'enceinte gallo-romaine.

Le chevet de la cathédrale fait suite à cette chapelle. Au-dessus de la couronne des chapelles rayonnantes qu'interrompt la profonde chapelle axiale, du XIXe siècle, l'étage des tribunes, percé de simples petites fenêtres en plein cintre, surprend par son austérité, voire son archaïsme. C'est au droit de ces deux chapelles rayonnantes du XIIe siècle que la cathédrale entre en contact avec la muraille, dont les vestiges recouverts de végétation sont encore visibles (24). De part et d'autre du contrefort qui les sépare, deux petites fenêtres en plein cintre, aujourd'hui bouchées, assuraient l'éclairage par-dessus la muraille. Le dispositif était complété par une grande fenêtre, toujours visible à la chapelle gauche, là où la courbure du mur l'éloignait de la muraille. La fenêtre axiale de la chapelle de droite est, en revanche, une invention du XIXe siècle. Au-delà de la chapelle de la Vierge et intégrant une importante section de la muraille gallo-romaine – y compris une tour – l'ancien palais épiscopal développe sa longue façade austère que, seule, agrémente une galerie Renaissance.

On revient sur ses pas en dépassant la cathédrale jusqu'à la rue du Châtel qui permet d'accéder à la place du Parvis.

Depuis l'entrée de l'ancien palais royal, la cathédrale impose la masse puissante de sa façade occidentale qu'allège la haute flèche gothique qui couronne la tour sud et dont le coq culmine à près de 80 m. À gauche, l'ancienne demeure des comtes de Vermandois est, malgré son aspect extérieur actuel qui la fait paraître tardive, contemporaine des parties ouest de la cathédrale et représente un bel exemple des constructions civiles du XIIe siècle. En retrait, on aperçoit la salle capitulaire.

La ***façade*** de Notre-Dame (25) est de type harmonique, c'est-à-dire que les deux tours, correspondant aux bas-côtés, encadrent le vaisseau central dans une composition symétrique. Apparu dans l'architecture romane normande, repris à Saint-Denis (1136-1140), ce type de façade est inséparable des grandes réalisations de l'architecture gothique. Celle de Senlis est d'une grande austérité et fait davantage songer aux donjons romans quadrangulaires qu'à un édifice religieux. Pratiquement sans divisions horizontales, la façade n'est structurée que par les quatre puissants contreforts qui montent du sol jusqu'aux tours, où ils s'affinent légèrement. Les trois

19. Ancienne bibliothèque du chapitre.

20. Chevet de la cathédrale : vue depuis la tour sud de l'église Saint-Pierre.

19/20

parties verticales qu'ils délimitent sont en correspondance avec la division interne de l'édifice qui se reflète, de la même manière dans les ouvertures des deux premiers niveaux. Ainsi, le portail de la Vierge et la grande fenêtre qui le surmonte, associés au vaisseau central, dominent-ils les petits portails latéraux et les fenêtres ouvertes au-dessus, en relation avec les bas-côtés et les tribunes. Plus haut, des doubles arcatures rattrapent le décalage de niveau par rapport à la fenêtre centrale. Au-dessus, enfin, un bandeau traverse la façade en contournant les contreforts et délimite un dernier étage percé de trois petites roses, celle du centre encadrée de deux niches. Leur remplage a été refait au XVIe siècle. Les tours ne comportent qu'un unique étage, percé de deux longues et étroites baies géminées sur chaque face. Une balustrade surmontée de quatre statues, du XVIe siècle, les relie.

La flèche qui prolonge la tour sud, *qu'on aura avantage à découvrir depuis le jardin du palais royal*, a été bâtie d'un seul jet dans les années 1230 et une restauration récente lui a rendu tout son éclat. Elle comporte deux étages. Le premier, de 14 m, est de plan octogonal irrégulier qui apparaît comme le prolongement naturel de la tour qui lui sert de piédestal. De hautes et étroites baies ajourent ses quatre faces principales alors que les autres sont percées de deux baies superposées, la première s'ouvrant derrière un dais formé de trois hautes et minces colonnettes monolithiques recevant un pinacle ajouré, aux arêtes garnies de crochets correspondant à la seconde baie. Plus large, le dais situé à l'angle sud-est abrite un escalier, autrefois à jour et reconstruit dans une cage fermée au XVIe siècle. Le second étage, de 26 m, est constitué par la flèche proprement dite, pyramide à huit pans qu'ajourent autant de hautes lucarnes surmontées d'un gâble aigu qui la ceinture comme le ferait une couronne de pierre.

L'originalité et la perfection inégalée de la flèche de Senlis tiennent à l'absence totale de rupture d'un étage à l'autre, qui permet une progression naturelle vers des formes de plus en plus aiguës. Que ce soit en élévation, où l'on passe d'une forme rectangulaire à une forme triangulaire, ou en plan, où le carré cède la place à l'octogone, l'osmose entre les différents niveaux est totale. Ainsi le mouvement vertical, amorcé avec les contreforts de la façade puis continué au premier étage de la flèche avec les hautes baies des côtés orientés, reste-t-il fortement présent au deuxième étage avec les lucarnes et les gâbles qui le ceinturent. De la même manière, le mouvement pyramidal du second étage est déjà amorcé au premier avec les pinacles qui, aux quatre angles, coiffent les dais.

La flèche de Senlis présente une autre caractéristique remarquable : le dédoublement de sa structure, que met bien en évidence la maquette présentée au *musée du Vermandois*. Conjugué à un évidement maximum des parois, percées de toutes parts de fenêtres, de lucarnes, d'ouvertures rectangulaires ou circulaires, il permet à cette construction unique de concilier solidité et légèreté, réduisant notamment au maximum la prise au vent. Par ses qualités tant structurelles qu'esthétiques, la flèche de Senlis est bien le chef-d'œuvre que, de tout temps, on s'est plu à reconnaître en elle.

La façade occidentale recèle un autre joyau : son portail central, dont la célébrité tient à la fois à des raisons iconographiques et stylistiques. Iconographiques parce que c'est la première fois – le portail est des années 1160 – que se trouve représenté dans la sculpture monumentale

---

Double page précédente :

21. Vierge à l'Enfant et deux anges adorateurs, XVIIIe siècle.

22. Flèche : vue orientale.

le thème du Couronnement de la Vierge, indissociable des grandes cathédrales gothiques de la fin du XIIe siècle et du XIIIe siècle ; stylistiques parce qu'on y voit s'épanouir une sculpture extraordinaire de vie et de fraîcheur, aboutissement des recherches menées sur les chantiers parisiens des années 1150 et 1160.

Encadré par les deux portails latéraux dont le seul décor est constitué par les curieuses petites arcatures qui ajourent leur tympan, le portail central obéit à une composition claire, qui s'organise autour du thème central du Couronnement de la Vierge, représenté au tympan. Les voussures montrent un Arbre de Jessé, peuplé de prophètes et des ancêtres de la Vierge. Les huit grandes statues d'ébrasement sont constituées par les sacrificateurs de l'Ancienne Loi et les précurseurs de la Passion du Christ. En dessous, un calendrier illustre les travaux des mois. Au linteau sont figurées la Dormition et l'Assomption de la Vierge.

Au tympan, dans une posture empreinte à la fois de gravité et de douceur, la Vierge, déjà couronnée, est assise près de son Fils. Une double arcature les protège tandis que des anges, tenant des encensoirs ou des cierges ou penchant la tête au travers des *oculi*, accompagnent et contemplent la scène. Des traces de polychromie sont encore visibles, comme dans les voussures. Au-dessus, si la scène de la Dormition a beaucoup souffert à la Révolution – seule reste lisible la partie supérieure de la scène où l'âme de la Vierge est représentée par un petit enfant emmailloté emporté au Ciel par deux anges. En revanche, l'Assomption de la Vierge doit être regardée comme le chef-d'œuvre du portail de Senlis. Dans un empressement joyeux, les anges s'affairent autour de la Vierge. L'un lui prend les pieds, un autre la redresse aux épaules, d'autres encore se bousculent pour bien voir la scène ou aider de leur mieux : jamais, sans doute, la sculpture médiévale n'a atteint un tel degré de fraîcheur et de spontanéité. Cette vie grouillante se retrouve dans les voussures où les personnages – prophètes dans la voussure extérieure, ancêtres de la Vierge dans les rinceaux qui, dans les trois autres, figurent l'Arbre de Jessé – adoptent des postures bien souvent tourmentées, voire outrées : jambes croisées, têtes relevées, épaules tournées...

Les huit statues d'ébrasement, dont les têtes ont été maladroitement refaites au XIXe siècle, font écho à la sculpture des parties hautes. Leurs attitudes souples, accentuées par le traitement vigoureux des plis des vêtements, donnent à l'ensemble une grande liberté de mouvement à laquelle échappe, seul, le vieillard Siméon. De gauche à droite, on reconnaît saint Jean-Baptiste, Aaron, Moïse et le serpent d'airain, Abraham se préparant à sacrifier son fils Isaac (à l'origine, sa tête était tournée vers l'ange qui retient l'épée) et, de l'autre côté, Siméon portant l'enfant Jésus, Jérémie tenant une croix, Isaïe et, croisant bizarrement les jambes, ce qui a pour effet d'accentuer les plis du manteau, David. Au-dessous, le calendrier doit se lire de droite (Janvier) à gauche (Décembre), interrompu vers l'intérieur par quatre petits panneaux décorés d'une chimère, d'un diable et d'animaux affrontés.

En gagnant la place Notre-Dame, l'on bénéficie d'une belle vue d'ensemble sur la cathédrale.

Avec l'imposante ***façade de son transept méridional*** (26) et son lumineux étage des fenêtres hautes qu'épaulent les doubles volées d'arcs-boutants, Notre-Dame apparaît ici presque

---

23. Tympan du portail de la façade occidentale.

24. Portail de la façade occidentale.

23/24

toute entière comme une œuvre du gothique tardif. Seules ses parties extrêmes – à gauche la tour de façade, prolongée par la flèche du XIIIe siècle, et à droite, le chevet avec ses chapelles rayonnantes peu profondes – rappellent que la cathédrale est d'abord un édifice du premier art gothique.

À droite du portail, la ***chapelle octogonale*** (27) a perdu tout caractère ancien, ayant été totalement reparementée au XIXe siècle. Lui fait suite la chapelle du Bailli avec ses fenêtres au remplage flamboyant. On devine entre les deux la base de la tour d'escalier du XIIe siècle, que prolonge la grêle tourelle circulaire du XVIe siècle. Mais, la façade du transept constitue, évidemment, le centre d'intérêt principal de ce côté de la cathédrale. Bâtie entre 1521 et 1534, elle est l'un des chefs-d'œuvre de Martin Chambiges et vaut à la fois, comme toute la production de cet architecte, par la netteté de sa composition et l'exubérance de son décor. Les deux tourelles d'escalier et la balustrade supérieure délimitent fermement le cadre à l'intérieur duquel une galerie à jour sépare symétriquement le portail et l'étage de la rose. Couronnant le portail, un gâble en accolade encadre l'écu royal de France. Traversant l'étage intermédiaire, il s'achève peu avant le centre de la rose par une haute aiguille fleuronnée. Niches et clefs pendantes ornent les archivoltes du portail et abritaient autrefois des statues qui garnissaient également, en de nombreux endroits, les deux tourelles d'escalier au décor foisonnant. On remarque les deux hautes colonnes torsadées qui flanquent le portail, étonnant piédestal de statues disparues. Tout en haut, un pignon très aigu dont les rampants portent un escalier et d'imposants pinacles au décor délicatement travaillé terminent cette riche composition architecturale par laquelle prennent fin cinq siècles de travaux qui font donc de la cathédrale Notre-Dame un édifice représentatif de toutes les époques de l'architecture gothique.

Décor et mobilier

Victime de la Révolution française, la cathédrale de Senlis a été dépouillée d'une grande partie de ses ornements. Ses grilles, son jubé, ses autels, ses orgues, ses pavés de marbre ont ainsi disparu, privant l'édifice de ses décorations antérieures. Néanmoins, elle présente encore un mobilier abondant, puisqu'elle a été redécorée dans les années 1775-1780, remeublée d'objets d'origines diverses (en particulier provenant d'abbayes supprimées) au début du XIXe siècle et n'a cessé d'être enrichie jusqu'à nos jours d'objets d'un grand intérêt artistique. C'est donc un ensemble intéressant que l'on découvrira tout au long de cette visite.

En entrant par le ***croisillon sud*** (1), de part et d'autre du tambour de porte, se dressent deux statues d'évêques, en bois, du XVIIIe siècle. Il s'agit de saint Augustin, figuré avec un cœur enflammé, et sans doute saint Jérôme, portant un livre (la traduction en latin de la Bible), deux des docteurs de l'Eglise. Il pourrait aussi s'agir de saint Rieul, car on sait qu'au milieu du XIXe siècle, il y avait près du maître autel une statue de la Vierge entourée de deux statues d'évêques, dont le saint patron de Senlis.

Au centre de la balustrade sud du transept se trouve une statue acéphale, en pierre, du Christ ressuscité tenant une croix, datant du XVIe siècle.

25. Saint Augustin, XVIIIe siècle.

26. Saint Jérôme ou saint Rieul, XVIIIe siècle.

27. Chevet : vue depuis l'ancien palais épiscopal.

25 | 26
27

En dessous, on peut voir une verrière, évoquant quatre prophètes : Jérémie tenant une lyre, Isaïe écrivant, Daniel avec un lion et enfin Ezéchiel. Ces vitraux sont signés et datés : « D. MAILLART. les inventa et peignit 1897 ». Les cartons de ce vitrail de Diogène Maillart (1840-1926) sont conservés au musée des Beaux-Arts d'Angers.

L'actuelle ***chapelle des fonts baptismaux*** est éclairée par un vitrail (2), de la première moitié du XVIe siècle, rare vestige de la vitrerie du XVIe siècle de cette époque dans la cathédrale. On peut y voir plusieurs scènes d'iconographie chrétienne : saint Georges et le dragon, saint Pierre et saint Paul (moderne aux trois-quarts), l'Ecce Homo, la Visitation, et l'Annonciation.

Rappelons qu'en 1504, un incendie provoqua l'effondrement des voûtes du vaisseau central. La reconstruction du transept s'échelonna sur environ trente ans. Une importante vitrerie du XVIe siècle ornait les fenêtres de la cathédrale : on sait qu'en 1515, Jean Souldier exécuta les vitraux de deux fenêtres hautes, qu'en 1517, l'évêque Jean Calneau fit remplacer les vitraux du fond du chœur par des verrières consacrées à la Vie de la Vierge et que l'on vitra la rose méridionale en 1534. De cet ensemble très endommagé à la Révolution, il ne subsiste que quelques fragments figurés et des vitres incolores à bordure dans quelques baies du transept et de la nef.

On peut aussi admirer une remarquable *Vierge à l'Enfant*, en calcaire polychrome, dont l'origine est inconnue. Cette œuvre qui provient du fonds de la Société d'Histoire et d'Archéologie de Senlis appartient au musée d'art de la ville. Les plis tuyautés du vêtement, le manteau découvrant la ceinture de la Vierge, les yeux de la mère qui ne se tournent pas vers son enfant, permettent de dater cette œuvre de la fin du XIVe siècle.

Les fonts baptismaux, dont il ne subsiste que la cuve baptismale à infusion, en pierre calcaire, sont en réalité un fragment de bénitier provenant de l'ancien hôtel-Dieu de Senlis. On les date du XVe siècle.

En avançant vers le déambulatoire, on trouve sur la droite la chapelle octogonale pré-romane, dans laquelle est installée la ***sacristie***, accessible par quelques marches. Cette chapelle était autrefois placée sous le double vocable des saints Gervais et Protais. La porte d'entrée est cantonnée par deux statues de la fin du XVIe siècle, représentant deux figures allégoriques : la Justice (3), armée d'une épée et la Charité, entourée d'enfants.

La sacristie date du XIIIe siècle *(ne se visite pas)*. À cette époque, elle est nommée *vestibulum* dans l'obituaire, et d'autres sources la mentionnent comme *vestibulum seu revestiarum*. Le trésor de la cathédrale était conservé soit au rez-de-chaussée (*vestibulum*) soit au premier étage (*revestiarum*). De ce trésor, il ne reste que des mentions comme celle du baron François de Guilhermy, qui notait, lors de sa première visite de Senlis en 1838 : « La cathédrale de Senlis possédait autrefois un riche trésor. On y remarquait une immense quantité de chapes et d'ornements sacrés en étoffes précieuses, donnés par les prélats, au jour de leur avènement, des reliquaires de vermeil ; une grande statue de la Vierge en argent ; une portion considérable du bois de la vraie croix, enchâssée dans une croix d'or, couverte d'émaux et de pierres fines. C'était un présent de Guillaume Parvi. Tous ces objets

---

28. Verrière de 1897 : Jérémie, Isaïe, Daniel et Ezéchiel.

29. Statue de la Justice, XVIe siècle.

30. Vierge à l'Enfant, XIVe siècle.

31. Fonts baptismaux, XVe siècle.

28	
29	30
31	

ont été détruits ou dispersés. On doit aussi regretter plusieurs chapes fort anciennes, ornées de curieuses broderies représentant des écussons armoriés, des sujets pieux, des évêques accompagnés de leurs saints patrons ».

De la chapelle du XIIIe siècle, il subsiste le vantail de la porte d'entrée et ses pentures. L'encadrement en fut refait en 1528, comme en témoignent l'arc en anse de panier et les pinacles de style encore flamboyant. La sacristie fut repavée au XVIe siècle. Elle a été entièrement restaurée en 1866-1867. On ne saurait quitter cet endroit sans évoquer les richesses qu'elle renferme aujourd'hui, notamment, une croix de sacristie du XVIIe siècle, plusieurs sculptures en bois polychrome du XVIe au XVIIIe siècle, un coffre du XVe siècle, un buffet bas du XVIe siècle et plusieurs pièces anciennes d'orfèvrerie.

Dans la travée suivante, on remarque un tableau (4) illustrant la légende de la Dent de saint Rieul, signé et daté dans l'angle inférieur droit : « M. Fredeau Inv. et pin. 1645 ». Rappelons simplement cet épisode. Vers l'an 500, sous l'épiscopat de Levangius, Clovis voulut, après son baptême, assister à l'exhumation des restes du saint prélat, Rieul. La légende raconte qu'à force d'instances, le prince obtint une de ses dents. Mais au moment où l'évêque Levangius l'enleva, le sang jaillit de la mâchoire. Clovis ne put conserver la relique ; les portes de la ville fermées miraculeusement devant lui, ne s'ouvrirent qu'après qu'il l'eût replacée dans le sépulcre du saint.

On parvient ensuite à la ***chapelle du Bailli*** (5), ou chapelle Saint-Simon, du nom du bailli et gouverneur de Senlis, Gilles de Saint-Simon, au début du XVIe siècle. Cette chapelle avait été placée sous le vocable de saint Jacques. Deux œuvres remarquables en pierre polychrome occupent cette chapelle : une *Vierge de pitié* et un *Ecce Homo*. La *Pietà*, sculptée au début du XVIe siècle, provient de la chapelle Saint-Michel de Rieux, près de Creil. L'*Ecce Homo* se trouvait à l'origine au trumeau du portail méridional de la cathédrale et remonte au premier quart du XVIe siècle. Un couple d'anges en pierre, du XVIe siècle, posés sur l'autel, devaient faire partie d'un tombeau et cantonner le gisant. Deux trophées en bois, éléments de lambris du XVIIIe siècle, sont accrochés au mur oriental de la chapelle. Deux autres assez semblables sur le plan stylistique, se trouvent dans la chapelle de la Vierge. Enfin, on ne manquera pas de regarder l'ensemble de verrières réalisées par Claude Courageux en 1993, symboles de l'amitié franco-allemande, puisque la ville de Langenfeld, jumelée à Senlis, a apporté son concours à la réalisation de ces vitraux.

La chapelle suivante est dédiée à ***saint Louis***. Une verrière (6) y retrace des scènes de la vie du saint canonisé en 1297. On reconnaît dans le médaillon du registre inférieur droit, le château dit de la Reine Blanche (du nom de Blanche de Castille, mère de Louis IX) situé à quelques kilomètres de Senlis, au bord des étangs de Commelles. Le vitrail dont le carton est dû à Claudius Lavergne, est signé du monogramme du peintre, un C et un L entrelacés, et daté de 1863. Contre le mur d'ébrasement gauche de la chapelle, se dresse une statue représentant saint Louis, en pied, tenant la couronne d'épines et son sceptre cassé. Il s'agit d'une œuvre du XIVe siècle qui avait disparu pendant la Révolution et qui fut retrouvée brisée en 1846, dans le cimetière de Saint-Rieul à Senlis, où elle avait été enfouie.

---

32. Sacristie : statue de saint Jacques, XVIe siècle.

33. Ecce Homo, détail, XVIe siècle.

34. Pietà, XVIe siècle.

35. Miracle de la Dent de saint Rieul, XVIIe siècle.

32 | 33 / 34
35

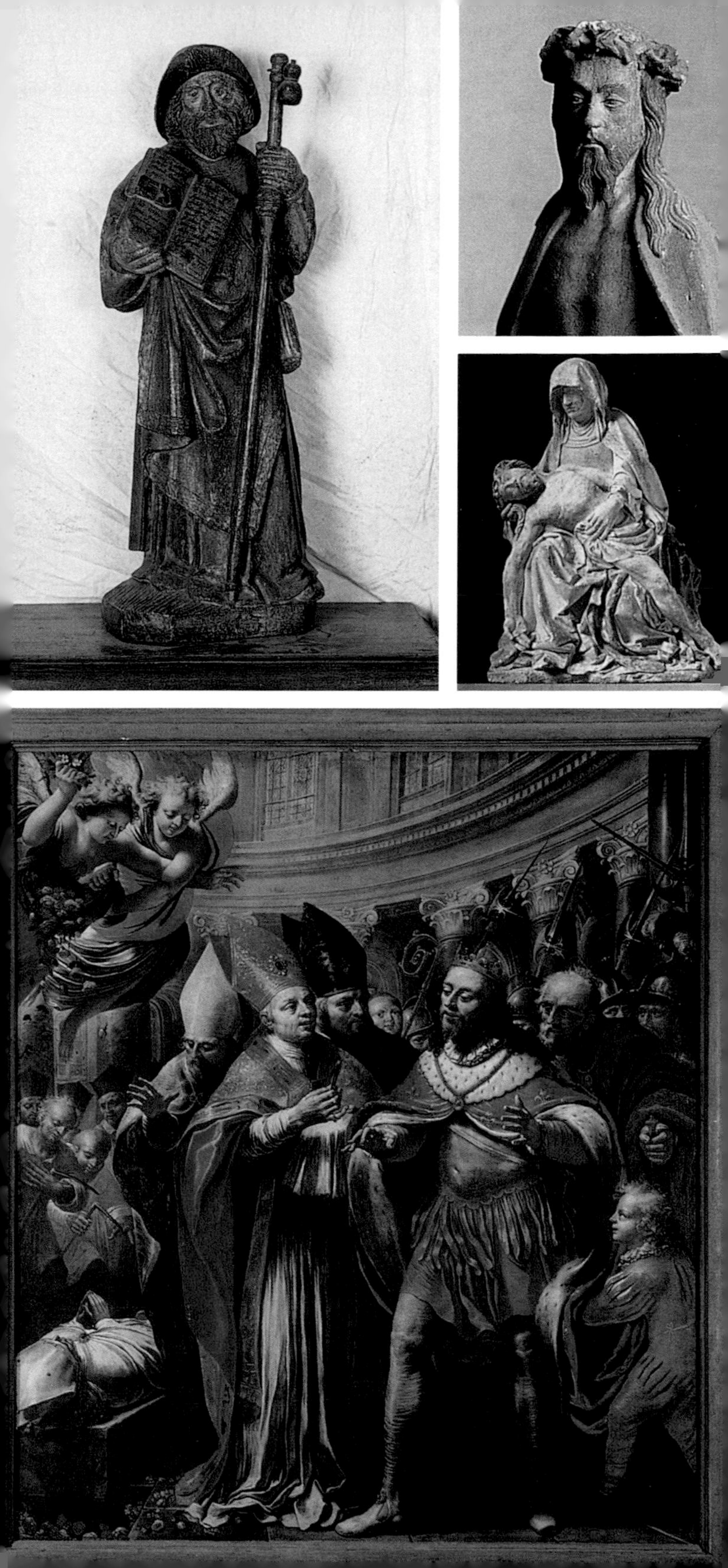

Dans la ***chapelle Saint-Frambourg*** (7), un vitrail des années 1950, illustre la vie d'Anne-Marie Javouhey, fondatrice de la congrégation missionnaire des sœurs de Saint-Joseph de Cluny, qui fut l'un des témoins majeurs du grand élan missionnaire du XIXe siècle.

La ***chapelle axiale*** (8) est dédiée à la Vierge. La plaque commémorative de sa dédicace indique qu'elle fut le don d'un administrateur de la paroisse de Senlis, Louis César Dupont, décédé en 1854. Le baron François de Guilhermy, qui visite la cathédrale en 1838, puis en 1855, écrit cette année-là : « Cette chapelle qui était semblable aux deux précédentes, a été agrandie depuis mes premiers voyages ». La voûte est ornée de fleurs de lis, sur fond d'azur, et les murs de l'absidiole sont rythmés par une série de colonnettes, ornées d'animaux fantastiques. L'autel actuel, en pierre, est une copie de l'autel en cuivre repoussé de la chapelle de la Vierge de la cathédrale de Beauvais, dessiné par Claudius Lavergne (1856).

Au-dessus du retable, sous un dais, se trouve une statue de la Vierge qui est la copie d'une Vierge en albâtre, du XIVe siècle, provenant de l'abbaye voisine de la Victoire, à Montlévêque. La sculpture originale est aujourd'hui conservée au musée d'art de Senlis.

Dans la partie septentrionale du déambulatoire, la ***chapelle Saint-Michel*** est ornée d'un vitrail archéologique (9) du XIXe siècle illustrant des scènes de la vie de saint Rieul. On y voit également le pied d'un lutrin, en bois, du XVIIIe siècle. Plusieurs instruments de musique sculptés ornent les trois faces de ce pied, un violon, un hautbois, une flûte et un instrument en usage du Moyen Âge au XVIIIe siècle que l'on appelle le serpent.

La chapelle suivante est placée sous le vocable de Saint-Gervais-Saint-Protais, mais elle est couramment appelée ***chapelle du Sacré-Cœur*** (10). Y ont été replacées trois dalles funéraires, dont celle de l'évêque François de Chamillart, décédé en 1714, représenté portant chape, mitre et crosse. Plusieurs autres dalles funéraires, d'évêques, chanoines et chantres, souvent à demi-effacées, sont conservées dans la cathédrale. Les évêques des XIIe et XIIIe siècles se firent enterrer à l'abbaye de Chaâlis. Les premières dalles funéraires attestées dans la cathédrale remontent au XIVe siècle. Elles nous rappellent que Senlis fut un grand centre de l'industrie des pierres tombales, particulièrement florissante grâce à l'exploitation sur place de carrières fournissant une matière première de qualité : un calcaire dur, fin et serré, que l'on appelle le liais.

La chapelle du Sacré-Cœur offre également à la vue un médaillon ovale en marbre, du début du XVIIIe siècle, dans le style du sculpteur Girardon, représentant la Vierge.

En sortant de cette chapelle, on trouve sur la droite, une peinture (11) représentant *Jésus parmi les docteurs*, et dont la signature, « COYPEL », est aujourd'hui discutée. En effet, il s'agirait plutôt d'une œuvre des premières décennies du XVIIe siècle, que l'on attribuerait au peintre Georges Lallemant. Une autre toile due à Lallemant, représentant *La descente du Saint-Esprit* et conservée dans l'église Saint-Ouen de Rouen, présente des analogies stylistiques avec la toile de Senlis. Il est vraisemblable que cette peinture ait occupé à l'origine le centre d'un retable, comme l'atteste sa forme cintrée. L'origine de cette œuvre est inconnue, mais on

36. Statue de saint Louis, XIVe siècle.

37. Verrière : scènes de la vie de saint Louis.

38. Jésus parmi les docteurs, XVIIe siècle.

36|37
38

peut présumer qu'elle surmontait le maître autel d'un des nombreux établissements religieux fondés ou réformés à Senlis dans la première moitié du XVIIe siècle.

Depuis le bas-côté nord du chœur, on peut regarder les verrières des fenêtres hautes (12), dues au maître verrier Johan-Gaspar-Julius Gsell-Laurent. Ces fenêtres résultent de la reconstruction du XVIe siècle. Garnies à cette époque de grisailles peu coûteuses, elles furent dotées au XIXe siècle des vitraux historiés que l'on peut voir aujourd'hui, illustrant des scènes de l'Ancien Testament et des épisodes de la Vie du Christ.

Faisant suite à la chapelle dédiée à sainte Geneviève, la ***chapelle sainte Catherine*** (13), conserve un bas-relief exceptionnel, au modelé très délicat, représentant une Mise au tombeau du Christ, sculptée dans le style de Germain Pilon. D'une grande élégance, cette œuvre maniériste, des années 1560-1570, se trouvait jusqu'en 1848 dans la chapelle de la Vierge. Un grand crucifix en bois du XVe siècle orne la partie supérieure du mur de la chapelle.

Traversons le bras nord du transept pour rejoindre le bas-côté nord de la nef.

Une statue du XVIe siècle (14) représente sainte Barbe, debout, avec son attribut habituel, la tour où son père la séquestra. Le long séjour de l'œuvre à l'extérieur de la cathédrale, explique sans doute son mauvais état de conservation. À proximité, un très beau panneau de lambris du XVIIIe siècle (15), décoré de deux clefs et d'une épée, évoque saint Pierre et saint Paul.

De cet endroit, on aperçoit la porte de la salle capitulaire, derrière laquelle se situe l'ancienne bibliothèque du chapitre *(ne se visite pas)*. Élevée en 1528 à la place de la « librairie », devenue sans doute trop exiguë, édifiée par Pierre l'Orfèvre, elle abritait, selon les termes du chanoine Müller, « le trésor le plus précieux de la cathédrale ». Cet historiographe de la ville au XIXe siècle voulait parler des ouvrages de théologie et d'écriture sainte, des livres de morale et de prières, des livres de chroniques et d'histoire, des livres de musique qui y étaient conservés. Dans des catalogues du milieu du XVIe siècle, on pouvait relever la mention de bibles enluminées, d'œuvres de saint Grégoire, de saint Augustin, de saint Bernard, des Chroniques de Grégoire de Tours, de textes de Cicéron ou d'Aristote, pour ne citer que les principaux ouvrages. Les collections de cette bibliothèque ont été complètement démembrées et dispersées. On peut voir l'extérieur de cet édifice en sortant par le bras nord du transept.

Les orgues de la cathédrale (16), qui occupent le mur occidental de la nef ne sont pas les orgues d'origine, disparues lors de la Révolution. Elles proviennent de l'église abbatiale de Saint-Vincent située dans la partie est de la ville. Les frères Claude et Jean Brisson, respectivement menuisiers à Paris et à Compiègne réalisèrent le buffet en 1647. La partie instrumentale a été refaite par Joseph Merklin en 1875, puis rénovée il y a quelques années.

En rejoignant la première travée du bas-côté sud de la nef, on a un bel exemple des vitraux en grisaille (17), posés dans la cathédrale après l'incendie de 1504. Les bordures de ces verrières arborent les insignes royaux et les emblèmes de François Ier : la fleur de lys, la couronne, la salamandre et la lettre F, qui rappellent la part prise par ce roi dans la reconstruction de la cathédrale.

---

39. Mise au tombeau du Christ, XVIe siècle.

40. Orgues : buffet de 1647 et instrument de 1875.

39
40

À hauteur de la troisième travée du collatéral, sur la droite, une pierre tombale du XVIe siècle (18), nous invite à une réflexion sur la vie et la mort, avec la représentation des trois vifs et des trois morts et l'inscription suivante : « Tels que vous estes fusmes nous/ Tels que nous sommes serez vous/ Pour reculer ne pour courir/ N'échapperons, tous fault morir/ Bonnes gens qui par ci passez/ Priez Dieu pour les trépassés ».

Les 3e et 4e travées sont celles de la ***chapelle dédiée à saint Joseph***. Celle-ci a été agrémentée de vitraux (19) réalisés par Laurent Gsell, et donnés à la cathédrale de Senlis en 1877. Ils illustrent la vie du saint patron. Un autel néo-gothique, en pierre, de style flamboyant, avec un retable de 1882, ornait jadis cette chapelle. Il était dû à Edmond Duthoit, alors architecte diocésain, auquel on doit une partie des restaurations de la cathédrale.

Dans la dernière travée du ***bas-côté sud***, la clef de voûte (20) est ornée d'un médaillon sculpté en pierre, du XVIe siècle, représentant saint Jean-Baptiste.

La ***croisée du transept*** offre le plus beau point de vue sur l'ensemble du chœur.

En 1777, le ***chœur liturgique*** fut réaménagé. Une plaque commémorative, située à l'entrée de la nef, évoque ces travaux : « A la mémoire de Nicolas Jourdain, administrateur de cette paroisse décédé le 10 janvier 1799. Cette église lui doit sa restauration et son embellissement ». De ce chœur renouvelé, clos de grilles et du jubé rétabli au XVIe siècle par Guillaume Parvi, ne subsistent que les deux anges en pierre (21), dus au ciseau de Jean-Guillaume Moitte, qui désignaient alors d'un geste de la main la châsse contenant les reliques de saint Rieul, posée sur un socle où sont sculptés les insignes épiscopaux. Ce socle est toujours en place dans les tribunes. La châsse d'origine fut détruite à la Révolution et remplacée par une châsse en bois peint et doré, exécutée par Justin Eloy artisan parisien, offerte à l'église en 1813 par deux généreux bienfaiteurs, et bénie par le clergé lors d'une procession solennelle foulant le nouveau dallage de marbre noir et blanc. Cette seconde châsse a été déplacée. Elle fut remplacée par la *Vierge à l'Enfant* du XVIIIe siècle, statue qui au XIXe siècle se trouvait derrière le maître autel. À la suite des bouleversements révolutionnaires qui vident les établissements religieux de leur mobilier, l'ancienne cathédrale devenue simple église paroissiale s'enrichit de leurs dépouilles : ainsi le maître autel (22), en marbre, les stalles du chœur aujourd'hui disparues, et peut-être le lutrin en fer forgé frappé des initiales H. D., vestiges de la reconstruction splendide de l'abbaye de Chaâlis entreprise par les Cisterciens à partir de 1736. Ceux-ci avaient confié la réalisation des sculptures aux deux frères Slodtz, Antoine-Sébastien et Paul-Antoine, qui y travaillèrent de 1741 à 1747.

Ce décor composite, d'une qualité esthétique certaine, sert de toile de fond aux aménagements liturgiques contemporains, parmi lesquels se détachent tout particulièrement le maître autel (23), en bronze, réalisé par M.-G. Schneider, consacré en 1991, portant une représentation de l'Entrée triomphale du Christ à Jérusalem, de la Crucifixion, du Buisson ardent et de l'Arche de Noé.

41. Vierge à l'Enfant, XVIIIe siècle.

42. Maître autel, XVIIIe siècle.

41/42